IMPULS...
SALUD
Mental

LAS PALABRAS MAGICAS

YO SOY

365 Afirmaciones Positivas diarias

Un diario guiado para empezar cada dia
sintiendote tranquilo y lleno de energia.

Escrito por

MARILENA MOCANU

Introduccion

Saludos y bienvenidos a "Las palabras magicas YO SOY", una exploracion del potencial de las afirmaciones para cambiar vidas. Es para mi un gran placer compartir con ustedes, como creador del libro, la motivacion detras del desarrollo de este recurso potenciador para el bienestar y el desarrollo personal.

En nuestro ambiente ocupado y constantemente dificil, es sencillo ceder a la negatividad, la preocupacion y la duda. Mi verdadero objetivo al iniciar "Las palabras magicas YO SOY" era proporcionar a las personas una practica diaria que tuviera una influencia positiva significativa en su confianza, autoestima y bienestar mental.

La declaracion "YO SOY" tiene un gran poder. Es una proclamacion de autoidentificacion que influye en nuestro mundo.

Podemos aprovechar el poder de las afirmaciones positivas para desarrollar una actitud abundante y prospera si las utilizamos de forma constante. Este diario tiene como objetivo guiarlo a traves de una practica de afirmacion diaria que aborda una variedad de temas de la vida.

Mejorar el bienestar mental

Nuestra salud mental se ve directamente afectada por los pensamientos que tenemos. Puede reprogramar su mente para concentrarse en pensamientos positivos y optimistas implementando afirmaciones positivas en su practica diaria. "Las Palabras Magicas YO SOY" es una herramienta que promueve el optimismo, lo que a su vez conduce a una mejor salud mental.

Aumento de la confianza y la autoestima

La confianza se construye sobre la base de la autoestima. Este diario se convierte en un companero de viaje en su camino hacia una mayor autoestima y una confianza inquebrantable al brindarle afirmaciones que reafirman su valor y capacidad innatos.

Promocion de la salud y el bienestar

Existe un fuerte vinculo entre la mente y el cuerpo, y el uso de afirmaciones positivas puede resultar muy util para fomentar el bienestar general. La inclusion de afirmaciones relacionadas con la salud en este diario promueve una perspectiva positiva sobre el bienestar.

Desarrollar abundancia y riqueza

Se trata de una mentalidad de abundancia. Estas creando las condiciones para que la prosperidad entre en tu vida al decirte continuamente que eres digno de exito y prosperidad. "Las Palabras Magicas YO SOY" es una guia de manifestacion de la abundancia financiera y de otras abundancias.

Construyendo conexiones positivas

Tener conexiones felices es esencial para vivir una vida plena. Este diario ofrece afirmaciones que te ayudaran a construir y mantener relaciones saludables con los demas ademas de fortalecer tu relacion contigo mismo.

Gestion de carreras y logros

Las afirmaciones pueden servirte como brujula en este viaje hacia el exito. Este cuaderno le brinda un lugar para expresar sus suenos y asegurarse de que sus actividades esten alineadas con sus metas, ya sea que busque un logro general o una meta profesional particular.

Desarrollar gratitud y una actitud positiva

Ser agradecido es una energia fuerte que atrae mas cosas buenas a nuestra vida. Puedes desarrollar una actitud de agradecimiento repitiendo afirmaciones todos los dias, lo que te ayudara a apreciar el aqui y el ahora y abrir la puerta a un futuro mejor.

Toma en serio "Las Palabras Magicas YO SOY" y permite que te cambie. Comience una practica de afirmacion diaria. Que encuentres alegria, empoderamiento e inspiracion en este cuaderno mientras creas una vida llena de positividad, abundancia y realizacion.

Expresiones de gratitud

Al terminar "Las Palabras Magicas YO SOY", un cuaderno de afirmaciones diarias, me siento abrumado por el agradecimiento por toda la ayuda que me ha permitido realizar este proyecto.

Sobre todo, me gustaria agradecer desde el fondo de mi corazon a mi familia por su constante apoyo y comprension mientras escribia. Su fe en el potencial transformador de las afirmaciones positivas me motivo a comenzar este viaje y me animo a terminarlo con su apoyo.

Me gustaria expresar mi gratitud a mis amigos que fueron una parte esencial de este proceso creativo y que ofrecieron criticas, apoyo y aliento perspicaces. Sus puntos de vista mejoraron el texto y dieron mas sustancia a las afirmaciones de este libro.

Un agradecimiento especial a todos los mentores que tan amablemente contribuyeron con sus conocimientos sobre crecimiento personal, atencion plena y psicologia positiva. Vostros consejos han sido cruciales para ayudar a dar forma al contenido y garantizar que se adhiera a los valores que respaldan el bienestar integral.

Me gustaria expresar mi agradecimiento a mi familia por su arduo trabajo y conocimiento para hacer realidad "Las Palabras Magicas YO SOY". El desarrollo de este diario de afirmaciones ha sido motivado por su dedicacion a la excelencia y entusiasmo por elevar a los demas.

Es un honor para mi ser parte de tu rutina diaria debido a tu apertura al poder transformador de las afirmaciones y tu dedicacion a la superacion personal.

Espero que "Las Palabras Magicas YO SOY" te empoderen, inspiren y animen a medida que avanzas hacia una vida mas feliz y satisfactoria.

Con apreciacion,

Marilena Mocanu

Este diario Pertenece a

_____

_____

_____

Manifestaciones

¿Cual es el proposito de la manifestacion y cuales son los beneficios?

Manifestaciones

Alinear tus ideas, creencias y emociones con tus deseos de hacerlas realidad es el potente **proceso de manifestación**. Se basa en la noción de que la energía que proyectas desde tus pensamientos y emociones tiene el poder de afectar el medio ambiente y atraer circunstancias y oportunidades favorables.

Básicamente, la manifestación es centrar intencionalmente tu atención y esfuerzo en las cosas que quieres que sucedan en tu vida.

Es más que una simple ilusión; requiere un fuerte sentido de convicción, objetivos bien definidos y una conciencia de las conexiones entre su mundo interior y el mundo exterior.

Las ventajas de manifestarse van más allá de lograr los resultados materiales deseados. El cambio de perspectiva y pensamiento es un beneficio importante. Como resultado del establecimiento y la manifestación de metas, las personas frecuentemente sienten que sus percepciones de su propio potencial han cambiado. De este optimismo renovado puede surgir una actitud más optimista ante la vida, la resiliencia y la seguridad en uno mismo.

Además, la técnica de manifestación cultiva la atención plena motivando a las personas a perseguir activamente sus objetivos mientras permanecen en el presente.

A esta mayor conciencia se puede atribuir un mayor bienestar general, menos estrés y una mejor concentración.

Una ventaja adicional significativa de la manifestación es el fortalecimiento de la responsabilidad y la autonomía individuales. Obtienes más control sobre tu vida cuando reconoces cómo tus ideas y sentimientos influyen en tu realidad.

Este sentimiento de agencia tiene el poder de fomentar una mentalidad proactiva al motivar a las personas a deliberar sobre sus acciones, desarrollar metas importantes y tomar decisiones reflexivas para hacer realidad sus sueños.

Esencialmente, la manifestación sirve como estimulante para el desarrollo personal, animando a las personas a avanzar y ampliar sus capacidades de acuerdo con sus objetivos.

Además, cultivar el agradecimiento es un paso común en el proceso de manifestación. Las personas tienden a notar más las cosas buenas de sus vidas cuando se concentran en sus objetivos y aspiraciones.

Durante el proceso de manifestación, la gratitud es un potente acelerador que aumenta la eficacia general de las intenciones.

Los actos regulares de agradecimiento pueden iniciar un ciclo de retroalimentación positiva en el que apreciar los beneficios actuales atrae más cosas buenas en la vida.

En conclusión, la **manifestación** es una técnica dinámica y transformadora que otorga a las personas el poder de crear la realidad que desean dirigiendo sus pensamientos, sentimientos y acciones hacia sus objetivos. Más allá de lograr ciertos objetivos, **las ventajas impactan la mentalidad, la resiliencia, la atención plena, la responsabilidad personal y el agradecimiento.**

Las personas pueden aprovechar su capacidad para lograr cambios significativos y tener una existencia más feliz y decidida participando en prácticas de manifestación regulares y deliberadas.

¿Como puedo mejorar mi enfoque sobre como manifiesto acciones?

Puedes mejorar tu práctica de manifestación perfeccionando tu estrategia y manteniéndote fiel a tu trabajo. Las siguientes técnicas le ayudarán a optimizar su práctica de manifestación:

Dejar claros sus objetivos: asegúrese de que sus objetivos y aspiraciones sean precisos, cuantificables e inequívocos. Es más sencillo centrarse en tus objetivos cuando tienes claro lo que quieres manifestar.

Ponga sentimientos en sus intenciones: establezca una conexión con los sentimientos que están conectados con sus intenciones. Experimente la emoción, la felicidad y el agradecimiento como si sus deseos ya se hubieran hecho realidad.

Imagine claramente: para ayudarle a visualizar en profundidad los resultados deseados, utilice técnicas de visualización. Visualiza cada sensación y sentimiento conectado con tus objetivos.

Haz un tablero de visión: un tablero de visión es un collage de palabras e imágenes que puedes hacer física o digitalmente para simbolizar tus objetivos. Puede mejorar su práctica de manifestación y actuar como un recordatorio visual de sus objetivos.

Afirmaciones: Para mejorar su técnica de manifestación, utilice declaraciones alentadoras que reafirmen su confianza en su capacidad para realizar sus objetivos. Hazlos todos los días para cambiar tu perspectiva.

Ejercicio de gratitud: tómate un tiempo cada día para practicar el agradecimiento. La gratitud por lo que ya has atraído cosas buenas adicionales a tu vida.

Meditación: Puedes conectarte contigo mismo por dentro, enfocar tus pensamientos y calmar tu mente con la meditación. Eleva tu conciencia y presencia, lo que mejora tu capacidad de manifestación.

Consistencia: Desarrollar el hábito cotidiano de manifestación. Reserva períodos de tiempo específicos todos los días para tu práctica, ya sea por la mañana, justo antes de acostarte o ambos.

Creencia y confianza: tenga fe en su capacidad para lograr cambios y tenga fe en el método de manifestación. El escepticismo y la duda pueden impedir su avance.

Deja ir el apego: Cuando eres capaz de dejar de lado tu apego al resultado, la manifestación funciona con más éxito. Tenga fe en que el universo velará por sus mejores intereses.

Mantenga su entorno positivo y solidario: trate de rodearse de energía positiva. Reduzca su exposición a personas, noticias y contenido de redes sociales negativos.

Tenga paciencia: la manifestación puede tardar algún tiempo. Reconozca que no todos sus deseos se materializarán de inmediato y use paciencia y perseverancia.

Establezca metas alcanzables y razonables: aunque la manifestación tiene un gran poder, es importante establecer metas razonables y alcanzables. Establecer expectativas poco realistas puede provocar decepción e insatisfacción.

Después de establecer sus objetivos, mantenga la mente abierta y actúe inspirado cuando se presente la oportunidad. La manifestación funciona mejor cuando se combina con acciones prácticas.

Autocuidado: Haga del autocuidado una prioridad para ser optimista. Su práctica de manifestación puede verse muy afectada por su salud física y mental.

Siga su desarrollo: para realizar un seguimiento de sus ideas, sentimientos y manifestaciones, lleve un cuaderno. Puede monitorear su desarrollo y hacer las correcciones necesarias con su ayuda.

Únase a una comunidad: para intercambiar historias, encontrar apoyo y elegir. Tenga en cuenta que la experiencia de cada persona con la manifestación es única y su eficacia varía. El secreto está en identificar los métodos y enfoques que le interesan e incorporarlos regularmente a su rutina diaria.

Puede mejorar sus técnicas de manifestación y hacer buenos cambios en su vida con el tiempo siguiendo los consejos de otros; piense en convertirse en miembro de una comunidad y organización de manifestación.

¿Cuales son algunos errores comunes
de afirmacion que se deben evitar?

Esto es fundamental para reconocer errores frecuentes al utilizar afirmaciones para asegurarse de que su práctica sea exitosa y ventajosa. Los siguientes son errores típicos de afirmación que se deben evitar:

Lenguaje negativo: Abstente de utilizar palabras o frases que puedan respaldar tus malos deseos en tus afirmaciones. Diga: **"Estoy tranquilo y a gusto"**, por ejemplo, en lugar de **"No estoy ansioso"**.

Crear afirmaciones poco realistas o fantásticas puede causar molestia e incredulidad, incluso si el propósito de las afirmaciones es desafiar sus creencias y promover el desarrollo personal. Para mantenerse motivado, haga que sus afirmaciones sean realistas y alcanzables.

Falta de especificidad: las afirmaciones generales pueden ser menos poderosas. Dé detalles al describir sus objetivos. Decir **"Tengo éxito en mi carrera y tengo un impacto significativo en mi equipo"** sería una mejor afirmación que simplemente **"Tengo éxito"**.

Las afirmaciones se utilizan con frecuencia para ayudar a las personas a realizar sus aspiraciones futuras; sin embargo, centrarse únicamente en el futuro puede ser un error. Incorpora afirmaciones centradas en el presente para fomentar el equilibrio y la atención.

Utilizar afirmaciones negativas: manténgase alejado de afirmaciones que refuercen el diálogo interno negativo o la autocrítica. Por ejemplo, "No soy un fracaso" sigue enfatizando el fracaso. En su lugar, utilice afirmaciones que resalten sus buenos rasgos y acciones.

No creer en tus propias afirmaciones: Es posible que la práctica no funcione si no crees sinceramente en las cosas que estás afirmando. Las afirmaciones deberían ser fáciles de hacer al principio y luego más difíciles a medida que se desarrolle su creencia.

Ignorar la acción: es mejor que las afirmaciones se utilicen junto con acciones y medidas realistas. Es posible que repetir afirmaciones por sí solo no tenga el efecto deseado.

Falta de coherencia: la eficacia de las afirmaciones puede verse reducida por una práctica inconsistente. Recita tus afirmaciones en voz alta todos los días y continúa siendo constante en tu práctica.

Acelerar el proceso: El desarrollo y la manifestación personal requieren tiempo. La frustración puede surgir por acelerar el procedimiento demasiado rápido y esperar resultados de inmediato. Ten paciencia y dale algo de tiempo a tus afirmaciones para que empiecen a funcionar.

Evitar sentimientos desagradables: el uso de afirmaciones ocasionalmente puede provocar resistencia o que surjan sentimientos desagradables. En lugar de negar o ignorar estas emociones, reconózcalas y resuelvalas.

Centrarse únicamente en las afirmaciones como solución: si bien las afirmaciones son una herramienta útil, su mayor impacto proviene de un enfoque holístico del desarrollo personal. No resuelvas problemas u obstáculos arraigados utilizando afirmaciones únicamente.

Negarse a cambiar: con el tiempo, sus objetivos y preferencias pueden cambiar. Es fundamental evaluar constantemente sus afirmaciones y realizar ajustes para reflejar mejor sus objetivos cambiantes.

No aceptar la gratitud: es común que las afirmaciones sean más efectivas cuando se combinan con un ejercicio de agradecimiento. La gratitud es una herramienta poderosa que puede ayudar a que sus afirmaciones funcionen de manera más efectiva.

Abstenerse de evaluar sus propios logros en relación con los de los demás. Las prácticas de afirmación son viajes individuales y el camino de cada persona es distinto.

Puede mejorar su práctica de afirmación y convertirla en una herramienta más potente para el desarrollo personal y el cambio de vida si es consciente de estos errores comunes.

Repita estas afirmaciones a diario y, con el tiempo, vera un cambio positivo en su autoestima y confianza.

Afirmaciones personales

Gradualmente notaras una mejora en tu confianza y tu sentido de autoestima si repites estas afirmaciones todos los dias.

Mantengase positivo: formule las afirmaciones de manera positiva, centrandose en lo que quiere, no en lo que quiere evitar.

Creible: deberian resonar contigo, incluso si amplian tus creencias actuales.

Tiempo presente: expresemoslos como si estuvieran sucediendo ahora: "Yo soy" en lugar de "Yo sere".

Escriba 3 afirmaciones adaptadas a sus aspiraciones o desafios personales.

Repitalos 3 veces cada manana y noche durante una semana.

Autoestima y confianza

Autoestima y confianza

"Estoy agradecido por mis logros pasados y ansioso por conseguir otros nuevos en el futuro"

"Hago un esfuerzo consciente por mejorar mis debilidades y reconocer mis fortalezas"

"Soy el creador de la vida que amo, el arquitecto de mi propio destino"

"En situaciones sociales, exuda confianza y establezco conexiones significativas"

"Confío en mi intuición para ayudarme a tomar buenas decisiones"

"Soy un estudiante de toda la vida que siempre está desarrollándose y expandiéndose"

"Acepto la capacidad de la autocompasión para nutrirme y sanarme"

"Como el ave fénix, soy resiliente y salgo más fuerte de los desafíos de la vida"

"Dejo ir la negatividad y me rodeo de influencias positivas"

Autoestima y confianza

"Merezco ser amado y respetado por lo que soy"

"Tengo confianza en mi propia piel"

"Creo en mí mismo y en mis capacidades"

"Soy una persona especial y valiosa".

"Soy capaz de lograr mis objetivos"

"Tengo fe en mi propia sabiduría e intuición".

"Estoy satisfecho con todos mis logros, por pequeños que sean".

"Acepto los desafíos como oportunidades para el desarrollo personal".

"Puedo superar cualquier obstáculo porque soy resiliente".

"Me siento cómodo compartiendo mis ideas y emociones."

Autoestima y confianza

"Ofrezco mi punto de vista distinto y digo mi verdad con confianza"

"Soy un faro que animo a la gente con mi aplomo y seguridad en mí mismo"

"Estoy dispuesto a explorar lo desconocido porque soy un libro abierto con innumerables posibilidades"

"Tengo fe en el proceso de autodescubrimiento porque sé que resulta en empoderamiento"

"Muestro mi fuerza y llevo mis cicatrices como insignias de honor"

"Soy un experto en hablarme a mí mismo de manera positiva y edificante"

"Mi persistente confianza en mí mismo atrae oportunidades y abundancia a mi vida"

"Tomé la decisión de vivir el ahora y disfrutar todo lo que la vida tiene para ofrecerme"

"Soy una pieza importante y única en el rompecabezas humano"

Gratitud matutina

Fecha

Hoy quiero sentir...

Hoy difundire la bondad...

3 cosas por las que estoy agradecido hoy son...

Dice la frase: "La felicidad es un habito".

Gratitud nocturna

Fecha

3 cosas por las que estoy agradecido hoy son...

¿Que puedo aprender de las experiencias de hoy?

Manana estoy deseando...

¡Alerta de inspiracion!
Si amas algo, hazlo a menudo.

Gratitud diaria

Fecha

3 cosas por las que estoy agradecido hoy...

¿Que puedo aprender de las experiencias de hoy?

Aumenta su felicidad realizando actividades
divertidas

Palabras alentadoras para vivir:
"Ama lo que haces, haz lo que amas."

Las cosas de las que estoy orgulloso de lograr hoy son...

Fecha

Afirmacion del dia

El poder de creer:
Ya estas a mitad de camino.

Autoestima y confianza

"Merezco el éxito y la felicidad".

"Rezuma seguridad y optimismo"

"Estoy a cargo de mi propia vida", "Siempre estoy cambiando y mejorando",

"Me veo como una persona fuerte y sana."

"Atraigo a mi vida a personas que me animan y me alientan".

"Tengo compasión y bondad hacia mí mismo."

"Soy receptivo a nuevas experiencias y perspectivas".

"Debo ser tratado con respeto y amabilidad"

"Está bien que sea un trabajo en progreso".

"Soy el compositor de hermosas armonías y dirijo la orquesta de mi vida".

Autoestima y confianza

"Asumo los problemas de frente, proyectando valentía y confianza"

"Sirvo de inspiración para otras personas que me tienen en alta estima"

"Acepto mi individualidad y exuda belleza desde adentro hacia afuera"

"Veo el cambio como una oportunidad para desarrollarme y progresar"

"Estoy agradecido por mi viaje, viendo avances en cada paso"

"Tengo fe en que mis instintos y mi intuición me guiarán por el camino correcto"

"Atraigo conexiones románticas a mi vida como un imán para el amor"

"Acepto el pasado tal como me ha moldeado, pero no me define"

"Siempre estoy explorando, encontrando mis intereses y habilidades secretos"

"Tengo confianza en mi poder interior y sé que puedo superar cualquier desafío"

Autoestima y confianza

"Tal como soy, soy suficiente"

"Decidí ser optimista y concentrarme en el aquí y el ahora"

"Ya no tengo dudas ni ansiedad por juzgar"

"La historia de mi vida es una que escribí yo"

"Puedo hacer cambios positivos en mi vida"

"Soy capaz de cumplir mis sueños"

"Acepté el amor propio y dejé de lado la autocrítica"

"Atraigo hacia mí la prosperidad y el éxito"

"Creo que tengo lo necesario para cambiar las cosas"

"Tengo un alma encantadora y segura de mí misma"

"Tengo la capacidad de crear poderosamente y hacer realidad mis sueños"

Gratitud matutina

Fecha

Hoy quiero sentir...

Hoy difundire la bondad...

3 cosas por las que estoy agradecido hoy son...

Dice la frase: "La felicidad es un habito".

Gratitud nocturna

Fecha

3 cosas por las que estoy agradecido hoy son...

¿Que puedo aprender de las experiencias de hoy?

Manana estoy deseando...

¡Alerta de inspiracion!
Si amas algo, hazlo a menudo.

Gratitud diaria

Fecha

3 cosas por las que estoy agradecido hoy...

¿Que puedo aprender de las experiencias de hoy?

Aumente su felicidad realizando actividades divertidas

Palabras alentadoras para vivir:
"Ama lo que haces, haz lo que amas."

Las cosas de las que estoy orgulloso de lograr hoy son...

Fecha

Afirmacion del dia

El poder de creer:
Ya estas a mitad de camino.

Mantengase positivo: formule las afirmaciones de manera positiva, centrandose en lo que quiere, no en lo que quiere evitar.

Creible: deberian resonar contigo, incluso si amplian tus creencias actuales.

Tiempo presente: expresemoslos como si estuvieran sucediendo ahora: "Yo soy" en lugar de "Yo sere".

Escriba 3 afirmaciones adaptadas a sus aspiraciones o desafios personales.

Repitalos 3 veces cada manana y noche durante una semana.

Salud y Bienestar

Salud y Bienestar

"Aprecio la bendición de tener un cuerpo y una mente sanos"

"Programo tiempo diario para el cuidado personal y lo priorizo"

"Adoro y respeto mi cuerpo como si fuera un templo"

"Mi salud mental, emocional y física están en perfecto equilibrio"

"Mi salud mejora gracias a la energía positiva que exuda y atraigo"

"Elijo alimentos saludables para mantener mi longevidad y vitalidad"

"Me siento lleno de energía y de vida con cada respiro que tomo"

"Dejo ir la tensión y el estrés, permitiendo que mi cuerpo se recupere y prospere"

"Tengo fe en la capacidad natural de recuperación y restauración de mi cuerpo"

"Cada día que pasa me siento más fuerte y saludable"

Salud y Bienestar

"Dejé los malos comportamientos y adopté los buenos"

"Mi cuerpo es una creación maravillosa y fuerte"

"Abrazo mi cuerpo con todo el corazón y vivo en armonía con él"

"Como soy dueño de mis pensamientos, elijo el optimismo y la positividad"

"Estoy dispuesto a aceptar la energía curativa del universo"

"Atraigo la salud hacia mí como un imán y me sale de forma natural"

"Hago ejercicio regularmente para mantener mi cuerpo sano y flexible"

"Mi cuerpo se siente vivo y estoy libre de dolor y sufrimiento"

"Sirvo de inspiración para que otros pongan su salud en primer lugar"

"Tengo una comunidad amable y solidaria a mi alrededor que promueve mi bienestar"

Salud y Bienestar

"Tengo la resiliencia para superar cualquier obstáculo relacionado con mi salud"

"Dejé atrás el pasado y me concentré en construir un futuro sólido"

"Ser un modelo positivo me hace sentir mejor en general"

"Para mejorar mi salud prefiero prestar atención a lo que va bien en mi vida"

"Acepto el equilibrio para lograr el mayor bienestar posible en todos los ámbitos de mi vida"

"Mis pensamientos son sanos y mi cabeza está clara"

"Soy consciente de lo que mi cuerpo necesita y le doy lo que necesita"

"Estoy dispuesto a crecer y sanar en todas las facetas de mi vida"

"Agradezco la amabilidad y el apoyo de todos"

"Soy una persona vibrante, feliz, saludable y radiante"

Gratitud matutina

Fecha
_____

Hoy quiero sentir...
_____
_____
_____
_____
_____

Hoy difundire la bondad...
_____
_____
_____
_____

3 cosas por las que estoy agradecido hoy son...
_____
_____
_____
_____

Dice la frase: "La felicidad es un habito".

Gratitud nocturna

Fecha

3 cosas por las que estoy agradecido hoy son...

¿Que puedo aprender de las experiencias de hoy?

Manana estoy deseando...

¡Alerta de inspiracion!
Si amas algo, hazlo a menudo.

Gratitud diaria

Fecha

3 cosas por las que estoy agradecido hoy...

¿Que puedo aprender de las experiencias de hoy?

Aumente su felicidad realizando actividades divertidas

Palabras alentadoras para vivir:
"Ama lo que haces, haz lo que amas."

Las cosas de las que estoy orgulloso de lograr hoy son...

Fecha

Afirmacion del dia

El poder de creer:
Ya estas a mitad de camino.

Salud y Bienestar

"Confío en el conocimiento de mi cuerpo para llevarme a la mejor salud posible"

"Construí una base sólida para mi bienestar desde que soy arquitecto"

"Me despierto todos los días con una nueva sensación de energía y propósito"

"Tomo decisiones que priorizan mi salud por encima de todo"

"Atraigo energías curativas que me revitalizan y reparan como un imán"

"Estoy dispuesto a investigar nuevos enfoques para mejorar mi bienestar"

"Dejo de lado todas las ideas y puntos de vista desfavorables que comprometen mi bienestar"

"Ofrezco aliento y apoyo a las personas que persiguen sus objetivos de salud"

"Estoy en armonía con el bienestar y los ciclos naturales de la existencia"

"Me siento feliz cuando mi cuerpo y mi mente funcionan perfectamente juntos"

Salud y Bienestar

"Aprecio la abundancia de salud y felicidad de mi vida"

"Aprovecho oportunidades para que mi salud mejore y se desarrolle"

"Estoy dispuesto a aceptar consejos y motivación para llevar una vida saludable"

"Abracé la fe en las capacidades de mi cuerpo y dejé de lado el miedo y la incertidumbre"

"Presto atención y respeto las demandas de relajación y rejuvenecimiento de mi cuerpo"

"Mi salud y vigor siempre están cambiando y creciendo"

"Elegí ver los obstáculos como oportunidades para mejorar mi salud"

"Me rodeo de personas sanas y positivas en todos los aspectos de la vida"

"Soy fuerte y capaz de superar cualquier desafío relacionado con mi salud"

"Soy una fuente de inspiración y esperanza para todos en mi barrio"

Salud y Bienestar

"Dejo ir todo el dolor del pasado y me comprometo con un futuro saludable"

"Irradio felicidad y estoy lleno de vida y vitalidad"

"Mis decisiones diarias reflejan mi objetivo de estar lo más saludable posible"

"Soy responsable de mi salud y tengo capacidad de tomar decisiones"

"Sirvo como canal para la fuerza restauradora del afecto y la compasión"

"Aprecio la información y las herramientas disponibles para apoyar mi bienestar"

"Selecciono actividades que me hagan feliz y mejoren mi salud física y mental"

"Soy flexible y estoy dispuesto a cambiar, lo que promueve una mejor salud"

"Tengo una energía positiva que me mejora a mí y a los demás"

"Creo que hay margen para seguir mejorando en felicidad y salud"

Gratitud matutina

Fecha

Hoy quiero sentir...

Hoy difundire la bondad...

3 cosas por las que estoy agradecido hoy son...

Dice la frase: "La felicidad es un habito".

Gratitud nocturna

Fecha

3 cosas por las que estoy agradecido hoy son...

¿Que puedo aprender de las experiencias de hoy?

Manana estoy deseando...

¡Alerta de inspiracion!
Si amas algo, hazlo a menudo.

Gratitud diaria

Fecha

3 cosas por las que estoy agradecido hoy...

¿Que puedo aprender de las experiencias de hoy?

Aumente su felicidad realizando actividades divertidas

Palabras alentadoras para vivir:
"Ama lo que haces, haz lo que amas."

Las cosas de las que estoy orgulloso de lograr hoy son...

Fecha

Afirmacion del dia

El poder de creer:
Ya estas a mitad de camino.

Mantengase positivo: formule las afirmaciones de manera positiva, centrandose en lo que quiere, no en lo que quiere evitar.

Creible: deberian resonar contigo, incluso si amplian tus creencias actuales.

Tiempo presente: expresemoslos como si estuvieran sucediendo ahora: "Yo soy" en lugar de "Yo sere".

Escriba 3 afirmaciones adaptadas a sus aspiraciones o desafios personales.

Repitalos 3 veces cada manana y noche durante una semana.

Riqueza y abundancia

Riqueza y abundancia

"Atraigo la abundancia y la riqueza como un imán"

"Soy bendecido con abundancia sin esfuerzo y generosamente"

"Estoy dispuesto a aceptar toda la riqueza que el cosmos tiene para ofrecernos"

"Recibo dinero tanto en forma anticipada como imprevista"

"Renuncio a cualquier idea restrictiva sobre los logros y el dinero"

"Merezco el éxito financiero"

"Tengo estabilidad y libertad financiera"

"Otros se benefician de mis riquezas y riqueza además de mí"

"Soy dueño de mi propio destino financiero"

"Aprovecho las oportunidades que resultan en éxito financiero"

Riqueza y abundancia

"Aprecio toda la prosperidad que me rodea"

"Estoy en armonía con la energía de la abundancia"

"En mi vida, el dinero es una fuerza poderosa y buena"

"Puedo traer prosperidad y éxito a mi vida"

"Tengo fe en que todo lo que necesito vendrá del universo"

"Mis horizontes en términos de dinero crecen continuamente"

"Manejo mi dinero con sensatez y responsabilidad"

"Mi derecho de nacimiento es la abundancia y la riqueza"

"Merezco toda la fortuna que me sea concedida"

"Administro mis recursos monetarios con sensatez"

Riqueza y abundancia

"Pensando y actuando positivamente atraigo prosperidad a mi vida"

"Mis ganancias aumentan constantemente"

"Me esfuerzo constantemente por lograr más éxito financiero"

"Hay muchas opciones para ganar dinero"

"Soy lo suficientemente valiente para perseguir mis objetivos financieros"

"Tengo mucho en todos los aspectos de mi vida"

"Dejo de preocuparme por mi futuro financiero"

"Atraigo abundancia todos los días porque soy un imán de dinero"

"Soy sensible a la sensación de prosperidad financiera"

"Tengo una vida próspera y abundante"

Gratitud matutina

Fecha
_____

Hoy quiero sentir...
_____
_____
_____
_____
_____

Hoy difundire la bondad...
_____
_____
_____
_____

3 cosas por las que estoy agradecido hoy son...
_____
_____
_____
_____

Dice la frase: "La felicidad es un habito".

Gratitud nocturna

Fecha

3 cosas por las que estoy agradecido hoy son...

_____
_____
_____
_____
_____

¿Que puedo aprender de las experiencias de hoy?

_____
_____
_____

Manana estoy deseando...

_____
_____
_____

¡Alerta de inspiracion!
Si amas algo, hazlo a menudo.

Gratitud diaria

Fecha

3 cosas por las que estoy agradecido hoy...

¿Que puedo aprender de las experiencias de hoy?

Aumente su felicidad realizando actividades divertidas

Palabras alentadoras para vivir:
"Ama lo que haces, haz lo que amas."

Las cosas de las que estoy orgulloso de lograr hoy son...

Fecha

Afirmacion del dia

El poder de creer:
Ya estas a mitad de camino.

Riqueza y abundancia

"El éxito y la prosperidad parecen atraerme como un fuerte imán"

"El valor que aporto al mundo se refleja en mi dinero"

"Soy un conducto para la riqueza y distribuyo mis dones a los demás"

"Tengo dinero en todos los ámbitos de mi vida porque el cosmos trabaja en conjunto"

"Mi condición natural es de bienestar económico"

"Soy una persona financiera resiliente que aprovecha las oportunidades cuando se presentan"

"Cada dólar que gasto se me multiplica"

"Aprovecho fácilmente oportunidades rentables y satisfactorias"

"Soy un experto en generar riqueza mediante diversas estrategias"

"A medida que tengo un impacto beneficioso en la vida de otras personas, mi riqueza aumenta"

Riqueza y abundancia

"Tener dinero me da la posibilidad de vivir la vida que quiero"

"Tengo fe en que mi dar siempre será correspondido con mi recibir"

"Mi perspectiva optimista atrae riqueza y prosperidad a mi vida"

"Soy el cerebro de mi futuro financiero y lo creo con amor"

"Dejo ir todas las barreras para obtener abundancia ilimitada"

"Estoy dispuesto a investigar nuevas oportunidades de logros financieros"

"Mi estado natural es la abundancia, la cual abrazo con todo el corazón"

"Soy un faro de riqueza que fácilmente atrae prosperidad"

"El cosmos está trabajando a mi favor para convertirme en un hombre rico"

"Mi perspectiva optimista se refleja en el dinero de mi cuenta"

Riqueza y abundancia

"Atraigo riqueza desde todos los ángulos como un imán de dinero"

"Tener éxito financiero es un viaje y yo estoy encaminado hacia el éxito"

"Exuda confianza y atraigo posibilidades de negocio"

"Tengo fe en que hay un designio divino que guía mi prosperidad financiera"

"Aprecio la abundancia que llega a mi vida de forma regular"

"Soy un conducto de riquezas, y a mí viene la abundancia"

"Recibo retornos multiplicados por cada dólar que invierto de maneras inesperadas"

"Mi prosperidad es el resultado de mi diligencia y mi arduo trabajo"

"Tengo poder financiero y tomo decisiones bien pensadas"

"Dejo de lado cualquier sensación de escasez y acepto la abundancia ilimitada del universo"

Gratitud matutina

Fecha

Hoy quiero sentir...

Hoy difundire la bondad...

3 cosas por las que estoy agradecido hoy son...

Dice la frase: "La felicidad es un habito".

Gratitud nocturna

Fecha

3 cosas por las que estoy agradecido hoy son...

¿Que puedo aprender de las experiencias de hoy?

Manana estoy deseando...

¡Alerta de inspiracion!
Si amas algo, hazlo a menudo.

Gratitud diaria

Fecha

3 cosas por las que estoy agradecido hoy...

¿Que puedo aprender de las experiencias de hoy?

Aumente su felicidad realizando actividades divertidas

Palabras alentadoras para vivir:
"Ama lo que haces, haz lo que amas."

Las cosas de las que estoy orgulloso de lograr hoy son...

Fecha

Afirmacion del dia

El poder de creer:
Ya estas a mitad de camino.

Mantengase positivo: formule las afirmaciones de manera positiva, centrandose en lo que quiere, no en lo que quiere evitar.

Creible: deberian resonar contigo, incluso si amplian tus creencias actuales.

Tiempo presente: expresemoslos como si estuvieran sucediendo ahora: "Yo soy" en lugar de "Yo sere".

Escriba 3 afirmaciones adaptadas a sus aspiraciones o desafios personales.

Repitalos 3 veces cada manana y noche durante una semana.

Relaciones Positivas

Relaciones Positivas

"Atraigo a mi vida gente buena e inspiradora"

"La comunicación abierta, el respeto y la confianza son las bases de mis relaciones"

"A mi alrededor hay personas que alientan y apoyan mi crecimiento"

"Cada vínculo que construyo con alguien me hace feliz y realizado"

"Las conexiones genuinas y auténticas parecen gravitar hacia mí"

"Hago una buena diferencia en la vida de las personas que me rodean"

"Atraigo personas que me respetan y admiran por lo que soy"

"Mis conexiones son cálidas, amables y llenas de diversión"

"Hago espacio para conexiones saludables y dejo de lado las dañinas"

"El amor es algo que merezco y mis relaciones lo demuestran"

Relaciones Positivas

"Me atraen aquellos que me alientan e inspiran a ser mi mejor yo"

"Establezco conexiones más profundas siendo honesto y transparente en mi comunicación"

"Estoy rodeado de bondad, compasión y cariño todos los días"

"Mis asociaciones me brindan consuelo y apoyo"

"Aprecio las buenas vibraciones que emanan de mis relaciones"

"Naturalmente, atraigo amor a mis relaciones y lo emito"

"Mi amor por mí mismo se refleja en mis relaciones"

"Hice espacio en mis relaciones para el optimismo al dejar de lado la negatividad"

"Estoy rodeado de personas que valoran mi individualidad"

"Construyo conexiones que mejoran mis mejores cualidades y las de los demás"

Relaciones Positivas

"Establezco conexiones que mejoran mis mejores cualidades y las de los demás"

"El entendimiento mutuo es la piedra angular de mis relaciones"

"Merezco tener relaciones profundas y significativas con otras personas"

"Doy la bienvenida a la conexión en mis relaciones con los demás y dejo de lado mi miedo a ser vulnerable"

"Mis relaciones me brindan satisfacción e inspiración"

"Atraigo socios que comparten mis valores y objetivos"

"Valoro la singularidad y diversidad de cada persona en mis relaciones"

"Atraigo relaciones equilibradas y armoniosas"

"Tomo la decisión de centrarme en los rasgos positivos de otras personas y ver algo positivo en ellas"

"Mis relaciones son un refugio seguro de afecto, confianza y aliento"

Gratitud matutina

Fecha
_____

Hoy quiero sentir...
_____
_____
_____
_____
_____

Hoy difundire la bondad...
_____
_____
_____
_____
_____

3 cosas por las que estoy agradecido hoy son...
_____
_____
_____
_____

Dice la frase: "La felicidad es un habito".

Gratitud nocturna

Fecha

3 cosas por las que estoy agradecido hoy son...

¿Que puedo aprender de las experiencias de hoy?

Manana estoy deseando...

¡Alerta de inspiracion!
Si amas algo, hazlo a menudo.

Gratitud diaria

Fecha

3 cosas por las que estoy agradecido hoy...

¿Que puedo aprender de las experiencias de hoy?

Aumente su felicidad realizando actividades divertidas

Palabras alentadoras para vivir:
"Ama lo que haces, haz lo que amas."

Las cosas de las que estoy orgulloso de lograr hoy son...

Fecha
_____

Afirmacion del dia
_____
_____
_____
_____
_____
_____
_____
_____
_____
_____
_____
_____
_____
_____
_____
_____
_____
_____

El poder de creer:
Ya estas a mitad de camino.

Relaciones Positivas

"Creo oportunidades para conversaciones profundas y significativas en cada interacción"

"Parece que atraigo a aquellos que son innovadores y creativos"

"Hay muchas personas en mi círculo social a las que les apasiona el crecimiento personal tanto como a mí"

"Me atraen los colaboradores que equilibran mis debilidades y mis puntos fuertes"

"Tengo la suerte de tener compañeros que infunden sorpresa y aventura en mi vida"

"Atraigo mentores que me ayudan en el camino y me imparten libremente sus conocimientos"

"Cada conexión que cultivo se suma a una red de apoyo e inspiración mutua"

"Me rodeo de personas que se sienten orgullosas y reconocen mis logros"

"Aprecio las relaciones pacíficas en mi vida que me brindan calma y paz"

"Atraigo gente que me anima cuando las cosas se ponen difíciles y que se enorgullecen de mis logros"

Relaciones Positivas

"Mis interacciones sirven como fuente de motivación para el desarrollo tanto individual como grupal"

"Estoy dispuesto a hacer nuevos amigos y ampliar mi red social con relaciones interesantes y variadas"

"Me atraen las relaciones donde la sinceridad y la autenticidad son apreciadas y bienvenidas"

"En mis relaciones, dar y recibir están equilibrados, lo que resulta en un intercambio pacífico"

"Cultivo conexiones que apoyan una buena proporción de autonomía e interdependencia"

"Atraigo amigos que sienten tanta pasión como yo por cambiar el mundo para mejor"

"Vivo en un lugar donde los demás entienden y valoran mi deseo de privacidad e introspección"

"La base de mis conexiones se basa en nuestras creencias y objetivos compartidos"

"Parece que atraigo amigos que me empujan a aventurarme más allá de mi zona de confort y descubrir territorios inexplorados"

"Soy un faro de relaciones que llenan mi vida de felicidad, humor y energía"

Relaciones Positivas

"Fomento conexiones que promuevan la educación y la creatividad durante toda la vida"

"Mis relaciones se definen por una dedicación compartida al bienestar individual y grupal"

"Me atraen las relaciones que ofrecen estabilidad emocional y una sensación de seguridad"

"Cultivo un tapiz diverso valorando la individualidad de cada persona de mi grupo social"

"Hago una diferencia positiva e inspiradora en la vida de las personas que me rodean"

"Mis relaciones se basan en recuerdos preciados y experiencias comunes"

"Atraigo compañeros que valoran y acogen mis excentricidades y peculiaridades"

"Salgo con amigos apasionados por el aire libre y el mundo natural"

"Estoy dispuesto a dar y recibir a cambio amor y apoyo, generando un agradable intercambio de energía"

"Traigo amigos que apoyan mi desarrollo espiritual y mi reflexión"

Gratitud matutina

Fecha

Hoy quiero sentir...

Hoy difundire la bondad...

3 cosas por las que estoy agradecido hoy son...

Dice la frase: "La felicidad es un habito".

Gratitud nocturna

Fecha

3 cosas por las que estoy agradecido hoy son...

¿Que puedo aprender de las experiencias de hoy?

Manana estoy deseando...

¡Alerta de inspiracion!
Si amas algo, hazlo a menudo.

Gratitud diaria

Fecha

3 cosas por las que estoy agradecido hoy...

¿Que puedo aprender de las experiencias de hoy?

Aumente su felicidad realizando actividades divertidas

Palabras alentadoras para vivir:
"Ama lo que haces, haz lo que amas."

Las cosas de las que estoy orgulloso de lograr hoy son...

Fecha

Afirmacion del dia

El poder de creer:
Ya estas a mitad de camino.

Mantengase positivo: formule las afirmaciones de manera positiva, centrandose en lo que quiere, no en lo que quiere evitar.

Creible: deberian resonar contigo, incluso si amplian tus creencias actuales.

Tiempo presente: expresemoslos como si estuvieran sucediendo ahora: "Yo soy" en lugar de "Yo sere".

Escriba 3 afirmaciones adaptadas a sus aspiraciones o desafios personales.

Repitalos 3 veces cada manana y noche durante una semana.

Carrera y exito

Carrera y exito

"Mi trayectoria profesional es de aprendizaje y desarrollo continuo"

"Las oportunidades que encajan con mi pasión y propósito parecen llegar a mí"

"El éxito se traslada fácilmente a mi vida laboral"

"Tengo fe en mis capacidades para superar obstáculos y triunfar"

"Cada obstáculo que enfrento en mi carrera me sirve como trampolín hacia el éxito"

"Soy una fuerza creativa con la que hay que trabajar, aportando nuevas perspectivas a cada proyecto"

"Mis esfuerzos son una expresión de mi pasión y devoción por la calidad"

"Atraigo amigos y mentores que me ayudan a crecer en mi carrera"

"En mi lugar de trabajo, inspiro a otros a tener éxito siendo un faro de inspiración"

"Debido a mis logros profesionales, la abundancia y la prosperidad se sienten atraídas hacia mí"

Carrera y exito

"Confío en mis habilidades y agradezco la oportunidad de aprender cosas nuevas"

"Veo cada obstáculo como una oportunidad para demostrar mi resiliencia"

"Me enorgullezco de todos mis logros, grandes y pequeños, en el camino hacia el éxito"

"Exuda una buena vibra que me atrae hacia el éxito en mis proyectos profesionales"

"En mi actividad profesional, mis distintas cualidades y habilidades me hacen destacar"

"Me hago cargo de mi trayectoria profesional, logrando los resultados que quiero"

"Soy bueno resolviendo problemas y doy respuestas originales a problemas difíciles"

"Las oportunidades de crecer y ser reconocido me llegan con facilidad"

"Soy un experto en gestionar mi tiempo para maximizar la productividad en mi trabajo"

"Dejo que el éxito llegue a mi vida porque lo merezco en todos los aspectos"

Carrera y exito

"Tengo fe en mi capacidad para lograr mis objetivos y sé que tendré éxito"

"Mis objetivos profesionales están respaldados por el cosmos, lo que me trae el éxito"

"Soy un profesional tenaz y flexible, capaz de superar cualquier reto"

"Me llegan ricas oportunidades que encajan con mis valores y objetivos"

"Como líder visionario, animo a otros a alcanzar su mayor potencial"

"Las oportunidades abundan debido a la gran demanda de mis habilidades y talentos"

"Reclamo con confianza y gratitud mi derecho innato al éxito"

"Las colaboraciones positivas que hacen avanzar mi profesión parecen gravitar hacia mí"

"Cada día avanzo hacia mis objetivos profesionales"

"Soy receptivo a la abundancia del universo, dejando que el éxito profesional me llegue sin esfuerzo"

Gratitud matutina

Fecha
_____

Hoy quiero sentir...
_____
_____
_____
_____
_____

Hoy difundire la bondad...
_____
_____
_____
_____

3 cosas por las que estoy agradecido hoy son...
_____
_____
_____
_____

Dice la frase: "La felicidad es un habito".

Gratitud nocturna

Fecha

3 cosas por las que estoy agradecido hoy son...

¿Que puedo aprender de las experiencias de hoy?

Manana estoy deseando...

¡Alerta de inspiracion!
Si amas algo, hazlo a menudo.

Gratitud diaria

Fecha

3 cosas por las que estoy agradecido hoy...

¿Que puedo aprender de las experiencias de hoy?

Aumente su felicidad realizando actividades
divertidas

Palabras alentadoras para vivir:
"Ama lo que haces, haz lo que amas."

Las cosas de las que estoy orgulloso de lograr hoy son...

Fecha

Afirmacion del dia

El poder de creer:
Ya estas a mitad de camino.

Carrera y exito

"Tengo una influencia duradera en mi negocio y soy una inspiración para un cambio constructivo"

"Mi crecimiento en conocimientos y habilidades me prepara para un éxito inigualable"

"Mi red profesional me brinda asistencia continua y relaciones valiosas"

"Soy experto en utilizar los obstáculos como punto de partida para crecer"

"Si mi carrera fuera una pintura, la pintaría con los brillantes tonos del éxito"

"Atraigo socios y clientes que respetan y valoran mi experiencia"

"Soy un solucionador de problemas dinámico y regularmente encuentro respuestas de buen gusto"

"Cada contratiempo es para mí una oportunidad de demostrar mi adaptabilidad y perseverancia"

"Me mantengo por delante de las tendencias de la industria aprovechando el potencial de la innovación"

"Guío a mi equipo hacia el éxito como equipo siendo un brillante ejemplo de liderazgo"

Carrera y exito

"El universo trabaja a mi favor, creando las condiciones adecuadas para mi éxito"

"Tengo mucha creatividad y siempre se me ocurren ideas novedosas"

"Constante y sencillamente atraigo oportunidades rentables en mi vida"

"Mi trabajo demuestra mi devoción y recibo una generosa compensación"

"Exuda seguridad en mí mismo y obtengo respeto y admiración por mí mismo"

"Tengo una visión; donde otros ven sólo obstáculos, yo veo oportunidades"

"Mi trayectoria profesional es prueba de mi dedicación al desarrollo continuo"

"Tengo fe en el momento de mi vida y entiendo que el éxito me llega en el momento ideal"

"Creo un ambiente en el trabajo que es edificante y optimista, animando a todos a tener éxito"

"Mi vida profesional es una sinfonía armoniosa de logros, cada uno complementa al anterior"

Carrera y exito

"Sigo consiguiendo mejores trabajos y ascendiendo en la escala corporativa porque soy un imán para ello"

"Gracias a mi reputación estelar, puedo aprovechar muchas perspectivas nuevas e interesantes"

"Atraigo fácilmente fortuna y éxito financiero porque soy un imán para el dinero"

"Mi punto de vista distintivo y mis habilidades me hacen destacar, allanando el camino para mis logros"

"Soy un líder fuerte que afronta con gracia los desafíos de mi campo"

"Atraigo mentores que me ayudan a alcanzar alturas profesionales nunca antes vistas"

"Tengo un enfoque creativo para la resolución de problemas y puedo identificar respuestas que otros podrían pasar por alto"

"Tomo decisiones con confianza, sabiendo que mi instinto me guiará hacia el éxito"

"Incorporo tareas que apoyen mi realización profesional y estén en línea con mis intereses"

"Mi trayectoria profesional es una espiral ascendente sin fin y con cada proyecto alcanzo nuevas alturas"

Gratitud matutina

Fecha

Hoy quiero sentir...

Hoy difundire la bondad...

3 cosas por las que estoy agradecido hoy son...

Dice la frase: "La felicidad es un habito".

Gratitud nocturna

Fecha

3 cosas por las que estoy agradecido hoy son...

¿Que puedo aprender de las experiencias de hoy?

Manana estoy deseando...

¡Alerta de inspiracion!
Si amas algo, hazlo a menudo.

Gratitud diaria

Fecha

3 cosas por las que estoy agradecido hoy...

¿Que puedo aprender de las experiencias de hoy?

Aumente su felicidad realizando actividades divertidas

Palabras alentadoras para vivir:
"Ama lo que haces, haz lo que amas."

Las cosas de las que estoy orgulloso de lograr hoy son...

Fecha

Afirmacion del dia

El poder de creer:
Ya estas a mitad de camino.

Mantengase positivo: formule las afirmaciones de manera positiva, centrandose en lo que quiere, no en lo que quiere evitar.

Creible: deberian resonar contigo, incluso si amplian tus creencias actuales.

Tiempo presente: expresemoslos como si estuvieran sucediendo ahora: "Yo soy" en lugar de "Yo sere".

Escriba 3 afirmaciones adaptadas a sus aspiraciones o desafios personales.

Repitalos 3 veces cada manana y noche durante una semana.

Mentalidad positiva y gratitud

Mentalidad positiva y gratitud

"Aprecio toda la abundancia que veo a mi alrededor todos los días"

"Atraigo cosas positivas a mi vida pensando en ideas positivas"

"Hoy elegí la felicidad antes que la ansiedad y el agradecimiento antes que los agravios"

"Aprecio las posibilidades que se presentan los obstáculos en mi vida"

"Saco energía positiva encontrando los aspectos positivos de cada circunstancia"

"Se me vienen a la cabeza vibraciones positivas y un sinfín de posibilidades"

"Saludo cada día con la mente abierta y el corazón alegre"

"Aprecio las lecciones que conllevan tanto los logros como los reveses"

"Pensar buenas ideas me da la fuerza para superar cualquier desafío que enfrente"

"Mi actitud cotidiana es de gratitud y eso cambia mi vida"

Mentalidad positiva y gratitud

"Valoro las pequeñas alegrías de la vida que me hacen feliz"

"Me llegan experiencias e individuos positivos gracias a mi perspectiva optimista"

"Agradezco el desarrollo y el autoconocimiento que ofrece cada día"

"Tomo la decisión de abrazar mi bondad y la de los demás, creando un ambiente feliz"

"Cada obstáculo presenta una oportunidad de desarrollo espiritual y personal"

"Aprecio la belleza que hay aquí ahora mismo"

"Ser positivo es una decisión y yo tomo la decisión de ser optimista en cada situación"

"El amor está a mi alrededor y estoy agradecido por las conexiones en mi vida"

"Estoy abierto a recibir abundancia porque estoy agradecido"

"Diseño mis pensamientos y decido empezar con algo positivo"

Mentalidad positiva y gratitud

"Aprecio mi capacidad para superar obstáculos con fortaleza"

"Mis actividades están impulsadas por el pensamiento positivo, que conduce al éxito y la realización"

"Cada día tengo una nueva oportunidad de compartir mi agradecimiento y positividad"

"Inspiro a todos los que me rodean con mi actitud positiva y soy un faro de positividad"

"Estoy agradecido por todo lo que ha pasado en el pasado, presente y futuro una continuidad de riqueza"

"Disfruto de la belleza de la naturaleza y encuentro consuelo en su sencillez"

"Aprecio los regalos de la vida y todas sus oportunidades"

"Mi perspectiva optimista me da la capacidad de diseñar una existencia significativa y decidida"

"Al dejar de lado la negatividad y abrazar el agradecimiento, hago espacio para mucho"

"Agradezco el camino hacia el crecimiento personal y el desarrollo de mí mismo"

Gratitud matutina

Fecha

Hoy quiero sentir...

Hoy difundire la bondad...

3 cosas por las que estoy agradecido hoy son...

Dice la frase: "La felicidad es un habito".

Gratitud nocturna

Fecha

3 cosas por las que estoy agradecido hoy son...

¿Que puedo aprender de las experiencias de hoy?

Manana estoy deseando...

¡Alerta de inspiracion!
Si amas algo, hazlo a menudo.

Gratitud diaria

Fecha

3 cosas por las que estoy agradecido hoy...

_____
_____
_____
_____

¿Que puedo aprender de las experiencias de hoy?

_____
_____
_____
_____
_____

Aumente su felicidad realizando actividades divertidas

_____
_____
_____
_____

Palabras alentadoras para vivir:
"Ama lo que haces, haz lo que amas."

Las cosas de las que estoy orgulloso de lograr hoy son...

Fecha

Afirmacion del dia

El poder de creer:
Ya estas a mitad de camino.

Mentalidad positiva y gratitud

"Fácilmente aporto posibilidades positivas y el éxito llega a mí"

"Agradezco las dificultades que me han hecho una mejor persona"

"Aprecio mi capacidad de ver la belleza en la diversidad de la vida"

"Me lleno de energía positiva que me vincula a las riquezas del universo"

"Agradezco el aliento y el apoyo que recibo a diario"

"Doy la bienvenida al cambio con los brazos abiertos y tengo fe en el viaje de la vida"

"Hoy en día decido utilizar los fracasos como oportunidades de victorias, lo que fortalece mi determinación"

"Mi perspectiva optimista es una fuerza poderosa que me ayuda a alcanzar mis objetivos"

"Aprecio las oportunidades que surgen de circunstancias no planificadas"

"Tengo el hábito diario de estar agradecido porque hace que los días normales sean extraordinarios"

Mentalidad positiva y gratitud

"Cada obstáculo me presenta una oportunidad de desarrollarme y adquirir conocimientos"

"Estoy agradecido por las lecciones aprendidas tanto de los éxitos como de los fracasos"

"Mi visión optimista atrae soluciones y transforma barreras en oportunidades"

"He tomado la decisión de dejar de lado las cosas que no puedo cambiar y concentrarme en las que sí puedo"

"Aprecio mi capacidad de utilizar mis ideas para crear la realidad que quiero"

"Soy dueño de la llave para desbloquear la totalidad de la vida, que es la gratitud"

"Valoro el camino especial que me ayudó a convertirme en la persona que soy hoy"

"Alimento afirmaciones positivas todos los días porque son las semillas de mi éxito"

"Genero optimismo e impulso a los demás con mi actitud positiva ante la vida"

"Aprecio tu capacidad de ver los obstáculos como oportunidades de mejora"

Mentalidad positiva y gratitud

"Mi cabeza es un remanso de paz lleno de ideas alentadoras y motivadoras"

"Agradezco mi capacidad de descubrir la felicidad en los pequeños placeres de la vida"

"Suelo ser positivo por naturaleza y busco los aspectos positivos de cada circunstancia"

"Tengo una red alentadora de familiares y amigos a mi alrededor"

"Tener gratitud me ayuda a mantenerme arraigado y con los pies en la tierra durante tiempos impredecibles"

"Dejo ir toda la energía negativa para crear espacio para la abundancia de energía positiva"

"Estoy agradecido por la profusión de felicidad, amor y riqueza en mi vida"

"He tomado la decisión de vivir el ahora y apreciar cada segundo"

"Mi realidad está creada por mis ideas, y he tomado la decisión de atraer una vida feliz y próspera"

"Aprecio mi resiliencia, que me permite superar obstáculos"

Gratitud matutina

Fecha

Hoy quiero sentir...

Hoy difundire la bondad...

3 cosas por las que estoy agradecido hoy son...

Dice la frase: "La felicidad es un habito".

Gratitud nocturna

Fecha

3 cosas por las que estoy agradecido hoy son...

¿Que puedo aprender de las experiencias de hoy?

Manana estoy deseando...

¡Alerta de inspiracion!
Si amas algo, hazlo a menudo.

Gratitud diaria

Fecha

3 cosas por las que estoy agradecido hoy...

¿Que puedo aprender de las experiencias de hoy?

Aumente su felicidad realizando actividades divertidas

Palabras alentadoras para vivir:
"Ama lo que haces, haz lo que amas."

Las cosas de las que estoy orgulloso de lograr hoy son...

Fecha

Afirmacion del dia

El poder de creer:
Ya estas a mitad de camino.

Dedicacion

Dedico sinceramente mi diario "Las Palabras Magicas YO SOY" a mi esposo Fernando, a mis hijas Maria Angela, Maria Clara, Alexandra y a mis hijos Juan y Daniel, y lo mas importante a mi nieto Hugo, quien es todo en mi vida. Ellos son la fuente de energia de mi vida y el amor, el aliento y la inspiracion que me brindan todos los dias se reflejan en este trabajo.

A mi esposo Fernando, cuya fe persistente en mis objetivos ha servido como un rayo de esperanza. Tu apoyo me hace seguir adelante y tu amor me sirve de brujula. Agradezco su apoyo inquebrantable y ser la piedra angular sobre la cual construyo mis suenos.

Eres mi mejor maestro para mis hijos. Cada dia, tu curiosidad infinita, tu deleite puro y tu amor inquebrantable me hacen querer experimentar el mundo de una manera completamente nueva.

Las ensenanzas que me brindaste sobre la perseverancia, la autenticidad y la influencia de una perspectiva optimista se reflejan en este diario.

Sepan que estas afirmaciones estan llenas de amor y gratitud de mi parte hacia todos y cada uno de ustedes mientras las comparto con el mundo. Que este diario ayude a continuar el legado de amor y positividad que nuestra familia esta creando y sirva como recordatorio del poder y el deleite que se obtienen al mantener una actitud positiva.

Con todo mi amor de parte de tu esposa y madre,

Marilena Mocanu

Printed in Great Britain
by Amazon